Geschichten und Anekdoten aus Altbayern

Maria Weininger

Geschichten und Anekdoten aus Altbayern

Wartberg Verlag

Bildnachweis

S. 7, 19 Isabella Karnbach-Hluchnik

S. 11, 29, 34/35, 38, 62, 66, 74 Hans Sponholz

S. 17 Museum Grafing

S. 18 Matthäus Eberl

S. 20, 21, 22 Archiv der Polizeistation Ebersberg

S. 26, 33, 41, 42/43, 48/49, 69, 78, 79 Helmut Wohner

S. 31, 32 Karl Dumser

S. 36 Josef Kardinal

S. 52, 72 Maria Weininger

S. 56 Max Oswald

S. 64 dpa Picture-Alliance GmbH

S. 68 Meinrad Gfall

Dank

Für ihre freundliche Unterstützung bedanken wir uns bei Antje Berberich (Stadtarchiv Ebersberg), Martin Burgmayer (Heimatkundeverein Zorneding) und Bernhard Schäfer (Stadtarchiv Grafing).

1. Auflage 2010
Satz und Layout: Grafik & Design Ulrich Weiß, Extertal
Druck: Hoehl-Druck Medien+Service GmbH, Bad Hersfeld
Buchbinderische Verarbeitung:
Buchbinderei Büge, Celle
© Wartberg Verlag GmbH & Co. KG
34281 Gudensberg-Gleichen, Im Wiesental 1
Telefon (0 56 03) 9 30 50
www.wartberg-verlag.de
ISBN 978-3-8313-2130-8

Inhaltsverzeichnis

Inhalt

Vorwort

DAS JAHRZEHNT ZWISCHEN 1960 und 1970 zu beschreiben, ist, als versuche man Tag und Nacht, schwarz und weiß oder heiß und kalt auf einen einzigen Nenner zu bringen. Es waren Jahre des Umbruchs, die man bestenfalls in ein Vorher und ein Nachher einteilen könnte. Zwei gegensätzliche Ideologien in Ost und West hielten die Welt in Atem, Menschen flogen zum Mond und auf der Erde war man dabei, das soziale Zusammenleben neu zu erfinden. Aber alles das schien für uns Kinder weit weg zu sein. Hierzulande hatte alles noch seine gute Ordnung, alles seinen festen Platz. Das Alte galt noch, das Neue aber, das spitzte schon ums Eck. So war das Leben in Bayern eine Mischung aus Gemütlichkeit und Aufbruch, Landler und Twist, Blasmusik und Musikbox, Trachtenjanker und Trevira-Hemd. Der frisch gepresste Apfelsaft wurde vom farbigen Sirupgetränk Tri Top verdrängt, der Holzreifen durch den Hula-Hoop-Reifen und die Bauernstube durch Nierentisch und Tütenlampe. War man 1955 noch mit dem Radl zum Wendelstein gefahren, fuhr man 1965 mit dem Goggomobil, kurz „Goggo" genannt, nach Neapel.

1960 waren gekieste Straßen und Pferdefuhrwerke immer noch ein gewohnter Anblick. Im Winter wurden aus den gefrorenen Seen und Bächen Eisblöcke für den Biervorrat im Sommerkeller geschnitten. Jeden Morgen kehrte der Handwerksmeister mit dem Reisigbesen die Straße und grüßte alle Vorbeigehenden mit Namen. Der Hufschmied hatte seine Werkstatt am Marktplatz und jedermann konnte durch die beiden geöffneten Flügeltore sehen, wie die Pferde beschlagen wurden. Die Milch wurde noch in Kannen abgefüllt und die Nägel noch einzeln in Tüten. Zwei städtische Angestellte holten einmal in der Woche die Aschentonne vor dem Haus ab und trugen sie mit langen Stöcken zur Straße. Am Abend saßen die Männer in der Wirtschaft beim Kartenspiel und die Frauen vor dem Haus auf der Hausbank.

Bis 1960 hatten Autokennzeichen eine weiße Schrift auf schwarzem Hintergrund. Die Buchstaben „A" und „B" standen für „amerikanische Zone Bayern".

Nur ein Jahrzehnt später hatten die meisten Straßen einen Belag aus Teer bekommen, den Hufschmied gab es nicht mehr und auch nicht mehr den Milchladen. Aus dem kleinen Kramerladen an der Ecke war ein Supermarkt geworden, in dem Waren für jeden sichtbar in den Regalen standen. Die Mädchen trugen keine Kleiderschürzen mehr, sondern Bluejeans, die Männer nicht mehr die Joppe, sondern den Trenchcoat. Zur Kirche fuhr man mit dem Auto, denn man hatte es pressant. Es gab Mehrfamilienhäuser und Bürgersteige, ein Schwimmbad und den Trimmdich-Pfad, eine Disco und die erste Boutique.
Doch drehen wir das Rad der Zeit noch einmal zurück und stellen uns eine kleine bayerische Stadt in den 60er-Jahren vor, irgendwo zwischen Lech und Salzach, zwischen Donau und Zugspitze.

„Mia san mia"

„KINDER, SAGTS ‚GRÜSS GOTT', wenn eich auf da
Straß' wer begegnet", so lernten wir in der Volksschule.
Und wir lernten außerdem, niemals etwas von Fremden
anzunehmen. Vorsichtsmaßnahmen dieser Art waren in
den ländlichen Gegenden der frühen 60er-Jahre aber eigentlich für die Katz, denn es gab keine Fremden, höchstens in den Sommermonaten ein paar Sommerfrischler.
Man erkannte sie bereits von Weitem am Gangwerk. Be-
gegnete man ihnen, verlangsamte man als Kind die Ge-
schwindigkeit, vielleicht würden sie einen ja fragen, wo
es da oder dort hingehe, und man hätte als Einheimischer
mit Wissen glänzen können. Wurde man nicht gefragt, be-
gnügte man sich mit einem freundlichen „Grüß Gott!".
Ansonsten kannte man „Fremdes" aus dem Komödienstadel, der im Fernsehen übertragen wurde. Und hier entwickelten sich in unserem noch so jungen Leben schon
recht eindrückliche erste Stereotype. Im Komödienstadel
gab es nämlich drei Arten von Menschen: die Unbehol-
fenen, die Depperten und die Schlauen. Die Unbeholfe-
nen waren im Theater meistens die Preißn, die Depperten
die Schwaben und die Schlauen – ja freilich, das waren
die Bayern. Die bayerischen Burschen waren spitzfindig
und ausgfuchst, und das bayerische Dirndl wollte natürlich keinen anderen, als den hiesigen Burschen. Wie hieß
es hierzulande so schön: „Mia san mia!"

Münchner und andere Fremde

Einen Fremden zu sehen, das war in unserer Kindheit
schon etwas Besonderes. Manchmal saßen wir mit Zettel
und Stift am Straßenrand und schrieben alle Autonum-
mern auf, die nicht von hier kamen. Das war wie beim
Angeln. Man musste Geduld haben, manchmal tagelang,
bis einem ein dicker Fisch ins Netz ging. Unter der Woche
hatte man praktisch keine Chance auf ein fremdes Num-
mernschild. Aber am Wochenende, da sahen wir sie, die

Münchner Nummern, und wir notierten sie in unserem selbst gebastelten Notizbüchlein.

„Oh mei, san de Sonntagsfahrer scho wieder do!", so der Kommentar der Alten. Auch hier unterschied man die Menschen in Gruppen: die Mutigen, die in ihren neuen Autos schon ganz gerne einmal aufs Gaspedal stiegen, die Hiesigen sozusagen, und die anderen, die sich Zeit lassen wollten, um sich ein wenig in der Gegend umzuschauen, eben die Sonntagsfahrer.

Bislang ist hier immer noch die Rede von den unbekannten Fremden. Dann gab es auch noch die anderen, die bekannten Fremden. Flüchtlinge und ehemalige russische Fremdarbeiter gehörten in den 60er-Jahren zwar bereits zum gewohnten Bild in unserer kleinen Stadt. Sie gehörten zum gewohnten Bild, aber sie gehörten beileibe noch nicht dazu. Was wussten wir Kinder schon, was diese Menschen hierher getrieben hatte? Sie waren in unsere Stadt gekommen, noch bevor wir geboren worden waren. Aber wir spürten trotz unserer Unerfahrenheit ihr Fremdsein und ein wenig sogar ihr Schicksal. Die Russen, exotisch, fröhlich und gesellig; sie waren dankbar, bleiben zu dürfen. Die Flüchtlinge und Vertriebenen hingegen waren zwar da, aber sie wären gerne woanders gewesen, das spürten wir.

Man ließ sich als Einheimischer von ihnen aber nicht aus der Ruhe bringen, weder von den einen noch von den anderen. Schließlich lebten sie oftmals weit außerhalb der gewachsenen Ortschaft, in der „Korea-Siedlung", wie es im Volksmund gelegentlich hieß. Damit meinte man die kleine Siedlung auf freiem Feld mit den spitzgiebeligen Häuschen. Die ersten dieser Siedlungen waren hierzulande Mitte der 1950er-Jahre entstanden, zeitgleich mit dem Krieg in Korea, daher vermutlich der Name.

Gastarbeiter, Preißn und Zuagroaste

Doch dann kam in nur wenigen Jahren Bewegung in unsere kleine Stadt. Es war das kleine spanische Mädchen

Der Ostermarkt in Ebersberg, 1959.

namens Mercedes, das eines Tages in unserer Klasse saß. Sie war die Tochter des ersten Gastarbeiters im Ort. Endlich rührte sich etwas. Begeistert versuchten wir, der neuen Klassenkameradin während der ersten Pause alle deutschen Wörter beizubringen, die uns einfielen. Die Klosterschwester, die uns unterrichtete, hatte uns ermahnt, das fremde Mädchen freundlich aufzunehmen.

Nicht alle Eltern sahen das gerne. „Ob des so guat ist, wenn de mit dem spanischen Mädel spuin?" Wir Kinder waren es nicht gewohnt, zu widersprechen, aber wir waren es sehr wohl gewohnt, trotz der elterlichen Verbote das zu tun, was wir wollten. Wir spielten also doch mit dem spanischen Mädel. Man saugte das Fremde in sich auf, mit einem gewissen Prickeln, zumindest aber mit einer Portion Neugierde – für eine Weile zumindest. Eines Tages war sie weg, die Mercedes, und wir haben es lange nicht einmal bemerkt.

Nach den Gastarbeitern kamen die „Preißn", die „Zuagroastn" in unsere Stadt. Dazu muss man sagen, dass sich das Wort „Preiß" nicht etwa auf die Herkunft aus dem Norden Deutschlands bezog. Dieser Begriff stand für alles, was nicht von hier war, mit Ausnahme der Flüchtlinge, russischen Fremdarbeiter, Sommerfrischler und Gastarbeiter.

Man nahm die Preißn zunächst einmal gar nicht zur Kenntnis. Erst als sich in den attraktiveren Randgebieten unserer Stadt große neue Wohngebiete entwickelten, horchte man auf. Man setzte sich in den Volkswagen, fuhr in das Neubaugebiet, schaute sich die Rohbauten an und stellte fest: größer als unser Haus und vor allem moderner. Das war was Neues. Während die kleinen Häuschen in der Korea-Siedlung spitze Giebel, winzige Fenster und bunte Gemüsegärten hatten, gab es nun in den neuen Wohngebieten Bungalows, Atrium- und Reihenhäuser, mit großen Fensterfronten nach Süden. Die Grundstücke zäunte man voneinander ab und bepflanzte sie mit dichten Hecken. Das Gras vor den Häusern der neuen Siedlung wurde nicht mehr mit der Sense gemäht, sondern, wie unerhört, mit einem Rasenmäher. Das konnte man sich als Hiesiger nicht gefallen lassen. Darum war das Nächste, was man sich nun anschaffte, … natürlich ein Rasenmäher.

Überhaupt galten die Zugereisten sehr schnell als Vorbild. Man schaute, welche Mode die Neuen trugen, man kam sich mit seinem breiten Bayerisch nun gar nicht mehr so frech vor und der örtliche Tapezierermeister pries seine Tapete gar mit dem besonderen Gütesiegel an: „In da Neubausiedlung hamm sie's fei oft!" Und auch die hiesigen Mädel bemerkten sehr schnell, dass die zugereisten Buben durchaus nicht so unbeholfen waren, wie man es im Komödienstadel gelernt hatte.

Heute hat unsere Stadt das Vierfache der Einwohnerzahl von damals, man würde schief angesehen werden, wenn man die Fremden grüßte. Die Autos mit fremden Kennzeichen möchte man am liebsten verwünschen und diejenigen Kinder gelten als exotisch, die noch bayerisch sprechen. Eines aber ist gut: Man kennt sie nicht mehr auseinander, die Hiesigen und die Fremden und alle „san mia".

Eine kleine Welt

NACHBARSCHAFT WAR IN unserer Kindheit etwas Existenzielles. Man kannte sich von Kindesbeinen an. Da gab es die Seestadtler, die Öxinger, die Moosler, die Neuhäusler oder die Oberndorfer. Wir Kinder waren überall zu Hause, aber nur im eigenen „Gäu". „Mia" waren „mia" und die anderen waren die anderen. Die Zuordnung, wer zu wem gehörte, war gelegentlich willkürlich und das Miteinander geschah nach ungeschriebenen Gesetzen. Die Öxinger rauften gegen die Neuhäusler, die Seestadtler gegen die Oberndorfer und die wiederum rauften alle zusammen gegen die Buben von der angrenzenden Gemeinde. Die Welt war eine kleine runde Sache, jeder gehörte dazu, ob arm, ob reich, jeder spielte seine Rolle. Neuigkeiten verbreiteten sich wie ein Lauffeuer und jedes Ereignis wurde kommentiert, während man im kleinen Kramerladen an der Ecke wartete, bis man an der Reihe war: Es wurde über die Saufgelage des Taglöhners geredet, über die vermeintlichen Liebesgeschichten der Frau mit den rot gefärbten Haaren und über das zehnte Kind der Familie von unterhalb. Es wurde getuschelt, gefragt und vielsagend geschaut.

Die Welt aus Kinderaugen

In diesem Gefüge entwickelten wir Kinder unser Weltbild. Wie ging es beim Nachbarn zu? Was lag bei den anderen auf dem Küchenbuffet? Worüber redete man? Das alles wurde genauestens registriert und in unseren kleinen Köpfen ausgewertet.

Einen sehr tiefen Einblick in die Gewohnheiten anderer Familien hatten wir Kinder durch das gewisse Örtchen in den verschiedenen Häusern der Nachbarschaft: Die Toilette im Haus oder das Plumpsklo draußen? Fließendes Wasser oder der gefüllte Wassereimer? Das in kleine Quadrate zerrissene Zeitungspapier neben der Kloschüssel oder nichts?

Während die Bessergestellten zu Beginn der 1960er-Jahre eine große Waschküche mit einem Waschtisch, großen Schaffln und einer Wäscheschleuder hatten, mussten sich die einfacheren Leute mit der gemeindlichen Waschanstalt oder den öffentlichen Gewässern begnügen. In der Seestadt war es darum gang und gäbe, dass sich die Frauen montags am Seeufer trafen, wo sie gemeinsam ihre Wäsche wuschen. Ob die Wäsche auf diese Weise wirklich gründlich sauber wurde, wird man heute nicht mehr beurteilen können. Eines ist aber sicher: Es war dort unglaublich unterhaltsam und informativ.

Manche der Geschichten hatten etwas Verbotenes, Verruchtes, so viel war uns klar. Darum benahmen wir Kinder uns so, als würde uns das alles gar nichts angehen. Wir taten, als wären wir rein zufällig dort, wo man die Wortfetzen noch einigermaßen verständlich hören konnte. Die Augen waren gleichgültig auf die Steine gerichtet, die wir über die Wasseroberfläche gleiten ließen, die Ohren aber, die waren fein gespitzt. Manches, was wir bei den Waschweibern hörten, war für Kinderohren nicht geeignet und vieles davon verstanden wir auch gar nicht.

Was wir mit eigenen Augen sehen konnten, das verstanden wir schon eher. Das war zum Beispiel die Zilli, ein stadtbekanntes Original mit einem Gewicht von runden drei Zentnern. Die Zilli liebte es, nach dem öffentlichen Wäschewaschen, bei dem sie sich übrigens nur verbal beteiligt hatte, im See zu baden. Das alleine war bereits ein Affront. Keine der Frauen wäre an einem Wochentag vor den Augen aller zum Baden gegangen, an einem Tag, wo doch jeder anständige Mensch arbeitete. Keine hätte sich dem Gerede ausgesetzt. Die Zilli war über derlei Konventionen erhaben. Sie ging hinter einen Busch und begann, sich zu entkleiden. Hinschauen und gleichzeitig wegsehen, darin waren wir Kinder wahre Meister. Wenn die Zilli zum Baden ging, sauste einer von uns los und informierte unverzüglich die Freunde: „Schnell, kumm, de Zilli duat badn!"

Die gemeindliche Waschanstalt in Grafing bei München wurde 1960 geschlossen.

Bubenfreundschaft, Zorneding um 1962.

Die Bademode war Anfang der 1960er-Jahren noch recht eintönig, Bikinis gab es nicht und die Badeanzüge, die es in unserer Kleinstadt zu kaufen gab, unterschieden sich gerade einmal in den Farben dunkelblau, moosgrün und weinrot. Zillis Badebekleidung aber stellte alles in den Schatten. Es war ein unförmiges Etwas mit sehr breiten Trägern und angeschnittenen Beinen bis zu den Knien. Damit aber nicht genug. Wie bereits gesagt: Die Zilli begann, sich ungeniert zu entkleiden, der Busch verdeckte bestenfalls einzelne Teile ihres mächtigen Körpers. Sie zog sich vor unseren neugierigen Blicken ihren Badeanzug an, umständlich und langsam. Manchmal ging Zilli auch vorher noch einmal kurz in die Hocke und verrichtete ihre Notdurft. Nun sahen wir Kinder meist den Zeit-

Eine sorglose und unbeschwerte Kindheit, um 1964.

punkt gekommen, um zu verschwinden. Was wir gesehen hatten, reichte uns.

So is' halt!

Es war eine beschauliche Zeit. Die Erwachsenen genossen den Frieden und den bescheidenen Wohlstand, wir Kinder genossen unsere wunderbare Freiheit. Man machte nicht viel Aufhebens. Wenn die Zilli sich am See entkleidete, schmunzelte man drüber, wenn wir Kinder wild herumtobten, schüttelte man nur den Kopf, und wenn einer kein Klopapier zu Hause hatte, zuckte man nur mit den Schultern und sagte: „Ja mei, so is' halt!"

Das Ende vom Schandi

JEDES DORF WAR BIS 1961 mit einer eigenen Polizeidienststelle und etlichen Polizisten ausgestattet. Diese Dorfpolizisten waren tagtäglich mit Fahrrädern und alten Motorrädern samt Beiwagen – das ausgemusterte Erbe der Wehrmacht – unterwegs. Sie suchten die Bauern der umliegenden Einödhöfe, Weiler und Ortschaften auf, überwachten die Sperrzeiten, erkundigten sich nach Fremden und kontrollierten, ob alles mit rechten Dingen zuging. Der Dorfpolizist, Gendarm oder „Schandi", wie man ihn auch freundschaftlich nannte, sorgte für Ruhe und hie und da auch für einen kleine Ratsch.

Der Hüter über Recht und Ordnung war im Dorf eine wichtige Instanz. Er lebte häufig mit seiner Familie im selben Gebäude, in dem auch die Dienststelle untergebracht war, und er kannte jeden in der Gemeinde persönlich. Man kam zu ihm mit all seinen Sorgen und Nöten,

Polizeibeamten mit dem festlich geschmückten Dienstmotorrad bei der Christophorusfahrt in Grafing.

die man weder dem Pfarrer noch dem Bürgermeister anvertrauen wollte.

Die Welt war damals noch in Ordnung und so hielten sich die Krisenfälle, in denen der Einsatz des Dorfpolizisten notwendig wurde, in äußerst bescheidenem Umfang.

Für Verkehrsdelikte war eh der Verkehrsdienst von der Großdienststelle zuständig. Diese Beamten, man nannte sie „Weiße Mäuse", waren, anders als die Dorfpolizisten, mit dem Auto unterwegs – erst mit dem VW Käfer, später mit dem DKW Union. Das Erkennungsmerkmal des Verkehrsdienstes waren die weißen Kotflügel am Auto. Die Beamten selbst trugen weiße Jacken, weiße Handschuhe und weiße Mützen.

Für größere Delikte wie Raub oder Mord kam ein Beamter aus der Kriminaldienststelle München. In unserer Stadt gab es dann noch ein Polizeirevier und sogar eine Gefängniszelle, in der Straftäter vorübergehend eingesperrt werden konnten.

Also fielen in den Zuständigkeitsbereich des Dorfpolizisten die Lappalien. Vielleicht erwischte er einmal den einen oder anderen Buben am Krawattl, den er beim

Die Polizeibeamten beim Faschingszug, Ebersberg 1964.

Schwarzfischen ertappte, oder er wies die Mannsbilder zurecht, wenn sie sich nicht an die Sperrstunde gehalten hatten.

Die Leute brachten dem Dorfpolizisten die größte Achtung entgegen und wenn er für Ruhe gesorgt hatte, dann war anschließend auch Ruhe. Der Respekt vor der behördlichen Macht hielt manche aber dennoch nicht davon ab, dem Schandi immer wieder einmal den einen oder anderen Streich zu spielen. Man rief in der Dienststelle an und lockte ihn unter einem Vorwand an das eine Ende der Gemeinde, während in der Zwischenzeit am entgegen gesetzten Ende der Gemeinde ein paar Mannsbilder sich noch ein oder zwei Maß Bier genehmigten. Oder man versteckte das Fahrrad des Schandi, was bei den Bauern übrigens ein sehr beliebter Streich war, um ihn als Sperrstundenhüter vorübergehend außer Kraft zu setzen. Wenn der Gendarm dann die fünf Kilometer zu Dienststelle zu Fuß zurücklaufen musste, hatte er viel Zeit, seine Pappen-

Polizeidienststelle Kirchseoon, 1960.

heimer zu verfluchen: „Wart Bürschal, i griag eich schon no!"

Der Hansi und der Seppi, zwei junge Burschen in unserer Stadt, waren drauf und dran, erfolgreiche Motorradrennfahrer zu werden. Mit den Trainingsmöglichkeiten war es für die beiden aber nicht weit her, und so ließ sich der Hansi immer wieder etwas Neues einfallen. Einmal stellte er am Ortsausgang der Stadt einen Heuwagen quer und machte die Straße damit für ein paar Stunden unbefahrbar. Dann pretschte er ungestört die freie Rennstrecke zu Trainingszwecken auf und ab. Der Schandi ahnte natürlich schnell den eigentlichen Zweck des Hindernisses. Aber so eng sah er die Sache dann schließlich auch wieder nicht, und ein klein wenig Stolz über den erfolgreichen Sohn der Stadt wird bei ihm auch mitgeschwungen haben. Jedenfalls drückte er gleich beide Augen zu.

1961 wurden die kleinen Polizeidienststellen in den umliegenden Gemeinden aufgelöst und die Beamten versetzt. Die Zeiten hatten sich geändert, aber nicht nur wegen dieser Organisationsreform, sondern auch, weil sich der zunehmende Wohlstand auszuwirken begann – am deutlichsten bei der Jugend. Der neue Reichtum weckte Begehrlichkeiten einerseits und Rebellion andererseits. Um 1965, nachdem die Schwabinger Krawalle die Landeshauptstadt München in Atem gehalten hatten, begann etwas, was man sich bis dahin nicht hätte vorstellen können: Es zeichnete sich, wenn auch vereinzelt, eine organisierte Kriminalität unter Jugendlichen ab. Es wurde bei der Polizei eine eigene Ermittlungsgruppe mit einer entsprechenden Ausbildung eingesetzt, die sich um 1970 zunehmend mit einem neuen Phänomen zu befassen hatte: Einbrüche, Sachbeschädigungen, Mopeddiebstähle und schließlich vereinzelte Drogendelikte. Man schaute genauer hin, und nun bekamen neben der organisierten Jugendkriminalität auch die bislang harmlosen Lausbubenstreiche eine neue Aufmerksamkeit.

Rund um den See

DER SEE WAR FÜR UNS Seestadtkinder Lebensraum, Anziehungspunkt, Schicksalsort und nicht zuletzt Hoheitsgebiet. Wir benahmen uns, als wäre er unser persönlicher Besitz. Die anderen konnten kommen, wann immer sie wollten, wir waren schon da. Wir Seestadtkinder kannten jeden Stein, jede Strömung, jede gefährliche Stelle im Eis. Wir genossen es, vor den anderen, den Nicht-Seestadtlern, Mutproben zu zelebrieren. Wir wussten, wo man im Sommer Muscheln finden konnte und wo man sich besser nicht aufhielt, weil dort Ringelnattern oder auch die Überreste aus den Abwasserrohren der umliegenden Häuser schwammen. Am See hielt man mit dem anderen Geschlecht zum ersten Mal Händchen und an den See setzte man sich, wenn man Kummer hatte.

Kein Mensch kümmerte sich drum, ob wir schwimmen konnten. Wir Kinder wussten selbst, wann wir uns stark genug fühlten, um alleine den See zu durchqueren. Bis dahin dienten uns ausgediente Schläuche von Motorrädern als Schwimmhilfen und die Schläuche größerer Fahrzeuge als Boote.

Die Welt gehörte uns Kindern. Dazu zählten nicht nur der See, der Wald und die Wiese, sondern auch die Straße. Wer fremd war, musste sich unterordnen. Dieses ungeschriebene Gesetz galt in unseren Augen nicht nur für fremde Kinder, sondern auch für fremde Autofahrer. Dementsprechend verhielten wir uns. Der rasante Schlittenberg etwa endete für uns nicht zwangsläufig vor der Straße, sondern, wenn es grade günstig war, an der gegenüberliegenden Mauer. Und wenn man auf die gegnerische Bande traf, dann sprang man ohne Vorwarnung aus dem Gebüsch bis in die Mitte der Straße und nahm mit Gebrüll die Verfolgung auf.

Eine besonders gefährliche Mutprobe pflegten die wildesten Burschen der Seestadt zu zelebrieren. Auf klapprigen Rädern fuhren sie einen etwa hundert Meter langen und sehr steilen Hohlweg hinunter, stiegen unten angekommen noch einmal kräftig in die Pedale, um den richtigen Schwung zu bekommen. Dann sausten sie nacheinander mit Karacho über die Hauptstraße und auf den See zu. Ihr Ehrgeiz trieb sie permanent an, die eigene Bestmarke zu übertreffen, und samt Fahrrad so weit wie möglich ins Wasser zu fliegen. Das Radl wurde anschließend wieder herausgetaucht und schon ging's wieder den Berg hinauf, um einen neuen Versuch zu starten.

Es gab damals auf der Hauptstraße noch nicht viele Autos, aber es gab welche. Die Buben hätten die Autos niemals sehen können und auch die Autofahrer wären von den tollkühnen Burschen völlig überrascht gewesen. Dass es dabei niemals zu einer Katastrophe kam, kann sich bis heute niemand erklären.

Eisernte für den Sommerkeller

Im Sommer, da gehörte der See uns Kindern fast ganz alleine. Im Winter aber übernahmen die Männer das Kommando. Sobald das Eis trug, kamen sie mit ihren hölzernen Eisstöcken, schaufelten sich lange Bahnen frei, polierten das Eis mit Besen und vertrieben sich die Wintertage mit Eisstockschießen. Stunde um Stunde jagten sie ihre Stöcke die Bahn entlang, immer mit dem Ziel, dem kleinen Holzklotz am Ende der Bahn, dem Deiberl, möglichst nah zu kommen. Wenn die Stöcke mit ihren Eisenreifen zusammenstießen, gab es jedes Mal einen Knall, der sich als dumpfer Nachhall über die gesamte Eisfläche fortsetzte. Dazwischen hörte man die anfeuernden Rufe der Mannsbilder: „Auf geht's Moar, setz a Mass do her!", und dann wieder die lebhaften Debatten darüber, wer wohl dem Deiberl am nächsten gekommen wäre. Schließlich endete der Tumult, wenn einer der Männer einen Meterstab aus der Manteltasche zog, ihn ausklappte, sich bückte und zentimetergenau den Sieger ermittelte.

Voller Neid sahen wir Kinder die spiegelglatten Bahnen, während wir mit unseren aufgeschraubten Schlittschuh-

Eisernte am See, Ebersberg 1959.

kufen über das holprige Eis stolperten. Unsere Stunde
war gekommen, wenn die Männer bei Einbruch der Däm-
merung ihre Eisstöcke schulterten, das Deiberl nahmen
und davongingen. Oh, wie wunderbar fuhr es sich in diesen blank polierten Eisstockbahnen. Wir drehten uns,
jagten uns gegenseitig die Bahn entlang und wollten trotz
der einbrechenden Dunkelheit gar nicht mehr nach Hause. Lange währte unsere Freude aber meist nicht. Die
Mare, die bei uns übrigens „Seestadt-Bürgermoasterin"
genannt wurde, hatte es sich zu ihrem Lebensinhalt gemacht, im Winter über den See zu wachen. „Schauts net,

dass weita geht's, es Krüppln. Machts ma des schene Eis kaputt!", schrie sie, dass es über das Eis nur so hallte. Wir Kinder machten uns auf und davon, lauerten aber ums Eck auf den Moment, wo sich die Mare wieder in ihr kleines Häuschen zurückzog. Wir blieben auf dem Eis, bis uns ein schriller Pfiff aufschreckte. Es war die Mutter. Nun war es höchste Zeit, nach Hause zu gehen.

Wenn es im Winter eine dicke Eisschicht gab, freuten sich nicht nur die Kinder und die Eisstockschützen, sondern auch die Braumeister und die Wirtsleute. Bier kann nur bei einer Temperatur von etwa sieben Grad gelagert werden. Darum legte man sich in den strengen Wintermonaten möglichst große Eisvorräte an.

Es war für uns Kinder eine besondere Attraktion, wenn dann die Bauernburschen aus den umliegenden Dörfern zum Eisernten kamen. Mit großen Wiegesägen wurde das Eis in einer Bahn von zwei Metern Breite und fünfzig Metern Länge in große Blöcke zersägt. Danach stemmten die Burschen die Blöcke mit Eisenhaken aus dem Eis und schoben sie ans Ufer. Über Holzrutschen wurden die Blöcke dann zur Straße gehieft, wo sie auf Pferdefuhrwerke verladen und abtransportiert wurden.

Die Eisblöcke kamen in die unterirdischen Eiskeller der Wirtschaften und der Brauerei, wo sie das Bier bis in die Sommermonate hinein kühlten. Die Eisrinnen blieben ungesichert und waren für die größeren Burschen eine besonders gefährliche und damit reizvolle Herausforderung. Die Burschen nahmen auf ihren Schlittschuhen Anlauf und fuhren mit vollem Tempo auf die Eisrinne zu. Wer seinen Bremser ganz knapp vor der Eisrinne schaffte, genoss natürlich den uneingeschränkten Respekt der anderen. Allmählich froren die Eisrinnen wieder zu, bis zum nächsten Mal, wenn wieder Eis geschnitten wurde.

Anfang der 60er-Jahre hörte das Eisschneiden auf. Man setzte nun Kältemaschinen zur Kühlung des Bieres ein. Die Bauernburschen mögen wohl froh gewesen sein, dass diese Knochenarbeit ein Ende hatte, vielleicht aber fehlte ihnen auch dieses Zubrot im Winter. Wir Kinder aber, wir vermissten dieses aufregende Ereignis.

Leichen, Schätze, Ungeheuer

Der See, unser Lebensmittelpunkt – viele schaurige Geschichten rankten sich um ihn. Vielleicht lag es am trüben Wasser, dass man sich alles Mögliche am Grund des Sees ausdachte. Manch sensibleres Mädchen aus unserer Stadt verzichtete im Sommer lieber auf das kühle Nass, als dass es auch nur einen einzigen Zeh in dieses Wasser gesetzt hätte.

Die Leichen, die Schätze und die Ungeheuer am Grund des Sees entsprangen unserer kindlichen Fantasie, die Waffen und Munition jedoch, die im See lagen, waren eine traurige Realität aus der Erwachsenen-Welt. Nachdem Deutschland 1945 kapituliert hatte, entledigten sich durchziehende SS-Verbände ihrer Waffen und warfen sie ins Wasser. Fast 20 Jahre lang lagerten die Kriegsreste im Schlamm, bevor sie von der Bundeswehr in einer aufwendigen Aktion aus dem See geborgen wurden.

Immer wieder wurden die Waffen und die Munitionsreste zum begehrten Sammelobjekt der Heranwachsenden und: Immer wieder waren die Buben auf den Grund des Sees getaucht und hatten im Schlamm nach den Munitionskapseln gewühlt. Diese Kapseln hatten sie dann in der Werkstatt des Vaters in den Schraubstock gesteckt und mit

Am Langweiher der Weiherkette in Ebersberg, um 1955.

dem Hammer entzweigeschlagen. Die Großen warnten die Kleineren vor derlei Mutproben, denn einer der Buben habe dabei ein Auge verloren, so sagte man uns.

Einmal wurde der Misthaufen eines Bauern in die Luft gesprengt. Für den Bauern war klar, dass für diesen Streich nur ein Einziger infrage kommen konnte. Ein Bub wurde angeklagt und der Fall landete vor dem Richter, die Anklage lautete auf „Sprengstoffanschlag". Der Richter betrachtete aber letztlich die Angelegenheit milde. „Schwarzpulver fällt nicht unter das Sprengstoffgesetz", so das Urteil. Er wusste schließlich, dass dem angeklagten Burschen eben auch nur die Welt zur Verfügung stand, die der Krieg hinterlassen hatte. Das Ganze blieb also ein gefährlicher Lausbubenstreich.

Ein Hauch von Kindheit

„EBAS NED GEH, DES GIBT'S NED!" – Mit diesem Spruch nahm man bei Hindernissen noch einmal seine ganze Kraft zusammen. Für alles gab es eine Lösung, und wenn etwas besonders knifflig wurde, dann ließ man sich halt etwas einfallen. Was anderes wäre einem auch gar nicht übrig geblieben, denn mit technischen Hilfsmitteln war man Anfang der 60er-Jahre wahrlich noch nicht gesegnet. Das Heu wurde bei sengender Hitze händisch mit der Gabel hoch auf den Wagen geladen und zu Hause vom Wagen auf den Heuboden geschleudert. Der Bulldog wurde vorne mühsam mit einer Kurbel zum Laufen gebracht, bis einem der Schweiß über den Nacken rannte. Die Bäume fällte man mit der Axt und einer Säge. Die Rinde entfernte man mit einem Schepseisen, selbstverständlich auch per Hand, bevor man den Baumstamm mit vereinten Kräften und mithilfe von langen Stangen auf den Wagen eines Pferdefuhrwerks stemmte.

Was heute in Bayern beim Maibaumaufstellen dem Vergnügen dient, nämlich „Schmalz" zu zeigen, war noch vor einem halben Jahrhundert lebensnotwendig. Man mähte das Gras mit der Sense, man schaufelte den Keller für den Neubau mit der Hand aus, man kochte die Wäsche in einem großen Topf über dem Feuer und schrubbte sie schließlich noch mit einer Wurzelbürste auf der Waschbank.

Schleichend änderten sich die Zeiten. Der Vater bewunderte beim Nachbarn das Balkenmähwerk am neuen Bulldog und die Mutter die neue Wäscheschleuder der Nachbarin: was für eine Erleichterung! Für die Mutter stand nun an jedem Weihnachtsfest ein anderes Küchengerät unter dem Christbaum. Mal war es eine Wäschemangel, mal ein Mixer, während sich der Vater selbst mit einem Tonbandgerät beschenkte. Man leistete sich Hilfreiches ebenso wie Nutzloses.

Bis in die 1950er-Jahre wurden Daxn noch mit einem Ochsenfuhrwerk geholt, Pöring um 1950.

Mit der neuen Zeit bekam die Welt ein anderes Gesicht, sie wurde bequemer und bunter. Sie bekam aber auch einen anderen Geruch. Vielleicht sollte man besser sagen: Mit der neuen Zeit hat die Welt ihre vielfältigen Gerüche verloren. Aber wir Kinder von damals haben sie gespeichert in unserem Gedächtnis, die unverwechselbaren Düfte, die unsere ersten Lebensjahre begleiteten: eine Mischung aus Sommer, Erde und Heu, aus Regen, Holz und Eisen, aus Milch und Tierhaaren, aus Menschenschweiß und Pech, aus Kohlenstaub und heißer Lauge, aus Bohrerwachs und Kalk. Manchmal wünschen wir uns heute diese Gerüche zurück und manchmal reicht nur ein kleiner Anflug einer Erinnerung und wir fühlen uns um Jahrzehnte zurückversetzt.

Die Erinnerung verklärt vieles, aber manches bleibt eben doch auch realistisch bestehen. Nicht jeder Duft aus unserer Kindheit schmeichelte unseren Nasen. Die Erinnerung an einen der eindrücklichsten Gerüche aus unserer

Später fuhr man mit dem Bulldog, hier der legendäre Traktor der Firma Eicher, 1960.

Kinderzeit wird wohl niemals verloren gehen. Es war die beißende Ausdünstung eines Karrens, beladen mit einem Gemisch von halb verwestem Mist, Abfall und Kehricht. Dem Mistkarren waren zwei Geißböcke vorgespannt, die von einem alten Mann geführt wurden. Alle miteinander stanken um die Wette, wenn sie an unserem Haus vorbeizogen. Manchmal saßen wir Kinder an der Böschung zur Straße und warteten, warteten auf den Gestank des Karrens. Und wir rochen das Fuhrwerk, noch lange bevor wir es sahen.

Und wie peinlich abgestoßen fühlten wir uns einmal im Monat von den Nachbarskindern. Sie waren dann von einer schneidenden Schärfe umgeben, und zwar immer, wenn sie auf dem hölzernen Odelfassl gesessen hatten, mit dem der Großvater immer auf den Acker fuhr. Irgendwann konnten wir aber nicht mehr widerstehen und gesellten uns zu ihnen. Dann saßen wir zu fünft auf dem Fassl, klammerten uns kichernd aneinander und schauten der braunen Brühe zu, die bei jeder Erschütterung oben aus der hölzernen Klappe blubberte. Und siehe da, wir nahmen den Gestank nicht mehr wahr, auch nicht, als unsere Mutter zu Hause die Nase rümpfte und unsere Kleider in den großen Topf auf dem Herd warf, in dem die Seifenlauge schon dampfte.

Das Leben mag heute komfortabler, reinlicher und kontrollierter sein als noch vor einem halben Jahrhundert, aber es wurde dadurch nicht unbedingt reicher.

Bis in die 1970er-Jahre nutzte der Mareisn Wast seine Pferde zur Arbeit, Ebersberg 1967.

Das alte Kopfsteinpflaster wurde zum Leidwesen vieler Bürger mit einer Teerschicht bedeckt, Ebersberg 1959.

Wenn das Pech den Falschen trifft

DIE KINDER GINGEN in den 60er-Jahren nicht ins Ballett, ihre berufliche Karriere wurde nicht geplant, sie waren vor Gefahren nicht gefeit und waren doch sicher. Sie bauten Lager im Wald, rauften gegen die Feinde aus der Nachbarstadt und kannten die Grenzen, die ihnen das Leben setzte. Sie waren wild, unternehmungslustig und mutig. Die Kinder der 1960er-Jahre hatten Zeit, viel Zeit.

Wenn man von der Schule nach Hause ging, konnte einiges passieren: Mal war es eine Schlägerei, bei der man sich zu beteiligen hatte und erst einmal den Schulranzen beiseitelegen musste. Mal war es eine Schlägerei, der man besser aus dem Weg ging. Man machte in diesem Fall vorsorglich einen riesengroßen Umweg über die Felder außerhalb der Stadt, um den Frechen unter den Buben nicht in die Arme zu laufen. Mal war es auch die neue Schlittenbahn, die man ausprobieren musste. Dann kraxelte man den Berg hinauf, setzte sich oben auf den Lederschulranzen und sauste hinunter, immer und immer wieder, in der Hoffnung, schneller zu sein als die anderen.

Als es noch keinen Kühlschrank gab, musste man im Sommer die verderblichen Lebensmittel täglich einkaufen. Wenn wir Kinder in den Kramerladen ums Eck geschickt wurden, war das eine prima Gelegenheit, um nebenbei beim Nachbarn noch schnell das neue Fix-und-Foxi-Heftchen zu lesen, um mit dem Hund zu spielen und um zu schauen, wie weit die gegnerische Bande mit dem Bau ihres Lagers war. Kam man dann einige Stunden später wieder nach Hause, sagte die Mutter nur: „Di konn ma guad nach'm Tod schicka, du kommst lang nimma!"

Jung und Alt gingen unverkrampft miteinander um, aber nicht immer schonend. Gerieten wir in Gefahrensituationen, waren es oft nicht die Eltern, die uns herausboxten. Wir halfen uns selbst. Wer Glück und größere Geschwister hatte, konnte die sicherste aller Drohungen ausspre-

Josef Kardinal, der Handstandkönig des TSV Zorneding.

chen: „Wennst mi net steh lost, hoi i mein großn Bruder!"
Das wirkte, meistens jedenfalls.

Der Lausbua

Ansonsten regelte man die Dinge so, wie man es selber für
das Beste hielt. In unserer Stadt gab es einen Polizisten,
den Schandi, der mit dem Fahrrad die umliegenden Dör-
fer abradelte und sich Tag für Tag mit Banalitäten befass-
te. Und es gab einen kleinen Waisenjungen, den Hansi, der
bei seiner Großmutter aufwuchs. Der Hansi war ein recht
aufgewecktes Bürscherl. Heute würde man sagen: „ein
Hundskrüppel", seinerzeit aber war man etwas milder in
der Beurteilung des kindlichen Übermuts. Man bezeichnete den Hansi als „Lausbua".

Jungen beim Indianerspielen in freier Natur, um 1960.

Am See gab es eine Badeanstalt, bei der man zehn Pfennige für den Eintritt bezahlen musste. Außerhalb dieser Badeanstalt war das Baden streng verboten. Der Hansi wollte oder konnte das Zehnerl für den Eintritt nicht bezahlen und fühlte sich überdies, da er gleich neben dem See wohnte, als eine Art Lokalmatador. Er sprang am verbotenen Ufer in den See. Derweil kam der Schani von seiner Dienstfahrt zurück und wollte sich am See noch einmal kurz ausruhen, bevor er den Berg zur Stadt hinaufstrampeln musste. Da sah der Schani den Hansi. „Schaugst ned glei, dass'd außa gehst!", rief er dem Jungen zu. Der Hansi blieb jedoch von der polizeilichen Gewalt ungerührt. „Du sollst rausgeh'", versuchte es der Schani noch einmal. „I versteh di net", antwortete der Hansi. Auch die dritte Aufforderung des Polizisten hatte nicht den gewünschten Erfolg. Stattdessen tauchte der Hansi unter, zog seine Badehose aus und tauche nach wenigen Sekunden wieder aus dem Wasser auf, allerdings nur mit dem Allerwertesten. Wie die Geschichte ausging, ist heute nicht mehr überliefert.

Sehr genau überliefert ist eine andere Geschichte. Der Seppi, der Sohn der Kramerin, musste im Laden der Mutter helfen, während drei seiner Freunde abenteuerlustig durch die Gegend pirschten. Die Straßenböschung war ein beliebter Ort, an dem man weitere Unternehmungen planen konnte und wo man gleichzeitig im Blick hatte, was sich so alles tat. Also setzten sich die drei an die Kante der Böschung. Es dauerte nicht lange, da machte sich von Norden her ein bekannter Geruch breit. Es war der Girgl, den man riechen konnte, noch bevor man ihn sah: der Girgl, der mit seinem Goaßnkarrn jeden Moment den Hohlweg entlangkommen würde. Und dann begann das bekannte Spiel. Die drei Burschen legten sich an die Böschung auf den Bauch, kaum sichtbar für den, der da unten ging. Sie warteten den günstigsten Moment ab, und dann ging es los. „Oans, zwoa, drei, schau de Goaßarei", so oder so ähnlich riefen sie.

Die Buben liebten es, den Girgl zu provozieren und der Girgl liebte es, sich provozieren zu lassen. Es war ein Spiel, das immer nach dem gleichen Muster ablief. Der Girgl ließ seine Goaßn stehen, rannte los und kraxelte geschickt die Böschung hoch, aber nicht geschickt genug, um sich die drei Burschen schnappen zu können. Manchmal beließ es der Girgl dabei. Aber nicht dieses Mal. Dieses Mal ließ er nicht locker und nahm die Verfolgung auf. Die Hangkante entlang, durch den Obstgarten hindurch, den Berg hinunter, um die Werkstatt herum, die Straße entlang und dann am Kramerladen vorbei. Die drei Buben voraus, der Girgl mit einer kleinen Verzögerung hinterher.

Manchmal trifft das Pech einfach den Falschen. Der Seppi, der den Laden gerade dichtmachen musste, trat vor die Türe des Kramerladens, sah seine Freunde vorbeilaufen, fragte: „Wos isn los?" Die Freunde, keine Zeit für lange Erklärungen, riefen nur: „Des werst glei segn!", und schon waren sie ums Eck. Der Seppi schaute ihnen grade noch irritiert nach, da war auch schon der Girgl da. Er schnappte sich den Seppi, drehte ihn um und gab ihm links und rechts zwei saubere Watschn. Ausgerechnet ihm, dem Seppi, der den ganzen Tag der Mutter geholfen hatte.

Von der Bißgurkn und vom Letschnbene

DEM BAYERISCHEN GEMÜT hat man immer schon etwas Handfestes, vielleicht auch etwas Derbes zugeschrieben. Als Bayer hatte man das aber nicht gern. „Hoglbuachan" oder auch „hintastuhig", das waren immer nur die andern: die vom Oberland, die Draußerholzer, die drüberhalb des Flusses, die von der Filzn, aber nie man selbst. Man hatte seinen Stolz.

Für alle jene, die nicht mehr wissen, was „hoglbuachan" bedeutet: Man könnte es mit „ungehobelt" übersetzen, vielleicht auch mit „rückständig" oder „grobschlächtig".

Und schon sind wir beim Reiz der bayerischen Sprache angekommen: Man kann die meisten bayerischen Mundartbegriffe nicht mit einem einzigen Wort übersetzen. Manchmal braucht es gar mehrere Sätze, um sie zu be-

Leonhardifahrt mit Pferdeweihe in Grafing bei München, 1963.

Die Vizeweltmeisterinnen im Kleinkaliberschießen, Goth, Lettl und Süß ewerden in ihrer Heimatstadt mit einem Festmarsch empfangen, Grafing 1966.

schreiben. So das Wort „fei“. Genau genommen bedeutet dieses Wort gar nichts, aber wenn man es weglassen würde, veränderte sich der Sinn eines ganzen Satzes.

Irgendwann Ende der 1960er-Jahre hat es begonnen. Wie eine Seuche hat sie sich ausgebreitet, die Überzeugung, bayerische Kinder würden gescheiter, wenn sie nicht mehr bayerisch reden würden. Außerdem, wer wollte schon in der neuen Zeit noch als hoglbuachan gelten? Keiner. Wir begannen also, uns feiner auszudrücken. Wir sagten nicht mehr „I leg mei Joppn o“, „I reibs Licht aus“ und auch nicht mehr „Geh doch zuawa!“ Man sagte nicht mehr „resch“, „entahoib“, „eiwendi“, „znagst“ oder „aschli“. Man wollte sich feiner ausdrücken. Und was wurde es? Eintöniger.

Im Bayerischen konnte man den verschiedenen Ereignissen noch feine Nuancen verleihen. Das „Grampfän“ betrachtete man als Lausbubenstreich, bei dem man durchaus noch ein Auge zudrücken konnte, beim „Dachän“ wurde die Sache schon etwas ernster, beim „Stehlen“ kannte man hingegen kein Pardon mehr.

Wenn einer an der Haustüre gnacklt hat, dann hat er es auf eine ganz bestimmte Art und Weise gemacht, nicht zu leicht und vor allem nicht zu fest. Hat die Treppe knarrazt, dann wusste die Mutter: die Kinder sind nach Hause gekommen. Wenn's gent Zeit wurde, dann machte man sich allmählich auf den Heimweg. Hat man einen Freund getroffen, hieß es: „Habe die Ehre“, und hatte man ein Buzerln daheim, war man der glücklichste Mensch.

Wenn ein Dirndl das G'riß bei den Buben hatte, dann wurde es von den anderen Dirndln beneidet. Wenn aber ein Bua ein Loamsiada war, waren die anderen Burschen absolut nicht neidisch. Hatte hingegen ein Bua eine Schneid, dann hatte auch er bei den Dirndln das G'riß.

Wenns einen dabreslt hat, hat er möglicherweise nicht obacht gegeben. Musste einer speim, gings ihm miserablig, und hat einer eine Watschn gekriegt, ists ihm ganz schiach worn. Es gab die Schnepfa und den Halodri und es gab die

Großkopferten und die Hungerleider, die einen waren ruachad, die anderen obaberld.

Wenn der Vater „saggradi" sagte, musste man das noch nicht ernst nehmen, schrie er hingegen „Kreizkruzetürkn", dann wussten wir Kinder, es war nun Zeit, zu folgen. Wurden einem sogar Fotzn angedroht, dann machte man sich besser sche stad aus dem Staub.

Es war eine lebendige und ausdrucksstarke Sprache, die wir dem Fortschritt opferten. Freilich waren die bayerischen Ausdrucksweisen auch nicht immer ganz vornehm, Gschwerl, Krattla und Mistamsel zum Beispiel waren alles andere als Komplimente.

In einem einzigen Wort schwangen immer mehrere Sinnzusammenhänge mit. Insbesondere die Schimpfwörter geben einen kleinen Einblick, wie man über Mannsbilder und Weiberleit dachte. Dem Ausgfuchsten, dem Schlawiner oder auch dem Haderlump konnte man nicht so recht über den Weg trauen, aber immerhin: Der so bezeichnete genoss ein gewisses Ansehen, denn er war pfiffig und scherte sich nicht um Konventionen. Der Lätschnbene oder Glache war eher ein langweiliger und unbeholfener Genosse des männlichen Geschlechts, aber deswegen noch nicht schlecht. Der Muhackl und auch der Hackstock brachte seine Goschn nicht auf, wenn ihm der Nachbar über den Weg lief. Und der Laddierl oder Doik war einer, der sich von seiner Ehefrau die Schneid abkaufen ließ, die Eigenschaft übrigens, die einem Mann besonders negativ angekreidet wurde. Alles in allem hatten diese Bezeichnungen aber immer noch eine gewisse Milde.

Mit Frauen ging man etwas entschlossener ins Gericht. Pflegte eine Frau einen lockeren Umgang mit dem anderen Geschlecht, galt sie als Flietscherl und Pritschn. Bei der Zuchtl entsprachen Haus und Hof nicht dem allgemeinen Verständnis von Sauberkeit. Galt eine Frau als Quadratratschn, ließ sie ihre Schnodern spazierengehen. Man wollte zwar nichts mit ihr zu tun haben, aber das hinderte einen nicht daran, gerne etwas Neues von ihr zu erfahren.

Verniedlichende Bezeichnungen gab es grade noch für heranwachsende Mädchen und alte Frauen. Die einen nannte man liebevoll Heigeign oder Rutschn, die anderen oide Schäsn. War ein Mädchen hingegen frech oder unfolgsam, konnten die Erwachsenen schnell ungemütlich werden: „Ja, du Rotzbibbn, du, dass di net gleich schleichst", hieß es dann. Keine Nachsicht hatte man in der Beurteilung der Bißgurkn oder der Kratzbürschtn. Diese Frauen hatten einen entscheidenden und unverzeihlichen Fehler begangen: Sie hatten mit Nachdruck ihre Meinung gesagt.

Ein Teufelszeug von Technik

NACH DEN SCHWEREN und entbehrungsreichen Nachkriegsjahren war für unsere Eltern endlich eine Zeit angebrochen, in der man die Früchte des Fleißes ernten konnte. Die Schaufenster waren voller neuer Erfindungen, die das Leben angenehmer, unterhaltsamer und bequemer machten. Der Herzschrittmacher wurde erfunden, ein Satellit wurde ins Weltall geschossen und im Schreibwarengeschäft gab es neuartige Stifte mit bunten Filzspitzen. Wissenschaftler hatten das Raster-Elektronenmikroskop erfunden, die ersten Menschen landeten auf dem Mond und es gab die ersten Rechner mit integriertem Schaltkreis.

Das alles passierte irgendwo auf der Welt, bei uns zu Hause gab es aber immer noch die gute alte Rechenmaschine, ein gusseisernes Ungetüm mit einer Kurbel an der Seite und mit kleinen Plättchen, auf denen die Zahlen von 0 bis 9 standen. Die Rechenmaschine funktionierte auf ganz einfache Weise durch eine Staffelwalze, ähnlich wie eine Spieluhr. In der Mitte gab es Metallstifte, die man nur an die richtige Stelle rücken musste, dann konnte man auf mechanische Weise addieren oder subtrahieren, je nachdem ob man die Kurbel vorwärts oder rückwärts drehte.

Einmal an Weihnachten hatte sie für unsere Mutter unter dem Weihnachtsbaum gestanden. Mutter hatte sich sehr darüber gefreut. Wir Kinder freuten uns auch, denn man konnte sich rund um die Rechenmaschine wunderschöne Spiele ausdenken. Unsere Mutter nutzte sie zum Rechnen, aber nur ungern. Denn, so einfach auch diese Mechanik war, Mutter traute ihr nicht. Hatte sie eine endlose Reihe von Zahlen eingegeben und das Ergebnis vor Augen, rechnete sie die Zahlenreihe lieber noch einmal mit dem Kopf nach. Sicher war sicher. Der zeitliche Aufwand durch diese Rechenmaschine erhöhte sich für meine Mutter etwa um das Eineinhalbfache. Das machte aber nichts, denn Zeit spielte damals keine Rolle – Hauptsache, man fühlte sich fortschrittlich.

Das Auto als Statussymbol, Ebersberg 1965.

Mit dem Telefon war es ähnlich. Wenn unsere Tante tele-
fonierte, plärrte sie so sehr ins Telefon, dass man sich glatt
die Ohren zuhalten musste. Vermutlich traute auch sie der
Technik nicht und redete vorsichtshalber so laut, dass der
andere sie zur Not auch ohne Telefon hören konnte.
Ein Telefon besaßen in den 1960er-Jahren vielleicht einer
oder zwei im Stadtviertel. Gab es einen Notfall, wurde ein

Kind geboren oder brauchte man einen Rat, dann durfte man dort anrufen. „Holst ma moi schnell de Hueberin", hieß es dann zum Beispiel. Man zog den Mantel an, lief die Straße runter ins übernächste Haus und rief zur Haustüre rein: „Hueberin, Telefon für di!" Die Gewünschte wiederum ließ alles stehen und liegen und rannte los, die Straße hinauf ins Haus mit dem Telefon.

Um mit dem modernen Teufelszeug umzugehen, brauchten die Erwachsenen nicht nur einen technischen Sachverstand, sondern auch einen gewissen Mut. Den traute man nicht jedem zu, am allerwenigsten den Frauen. So ergab sich in unserem Viertel einmal folgender Vorfall:

Ein Nachbar besuchte den anderen, trat in die Küche und fragte die Frau des Hauses: „Is da Sepp do?"

„Naa", die Antwort der Frau.

„Aha", sagte der Nachbar, „wann kummt er denn wieder hoam?"

„A Stund werds schon no dauern", war die Antwort.

„Aha", sagte der Nachbar erneut, „des ist aba bläd." Der Mann wirkte ein wenig nervös, trat von einem Fuß auf den anderen.

„Konn i dir helfa?", fragte die Ehefrau, nachdem der Nachbar keine Anstalten machte, zu gehen.

„Na, na", sagte der Mann, „do konnst du mir ned helfa, do brauch i scho an Sepp." Er sagte es, blieb baumfest in der Küche stehen und starrte in die Luft.

„Aha", sagte nun auch die Frau, etwas irritiert, „kommst hoid in oana Stund wieda."

„Des is wahrscheinlich a bisserl spat", sagte der Nachbar. Dann holte er tief Luft und stammelte: „Es ist bloß ... weil ... ich woit an Sepp fragen, ob er mitn Telefon ... vielleicht d'Feierwehr ruafa kannt ... weil ... bei uns tat's Haus brenna. Aber wenn er ned do is ... dann ko ma hoid nix macha."

Sonnenschein und Kirchgang

AM SONNTAG STAND der Kirchgang an – für uns Kinder ein ganz selbstverständliches Ritual. Welch herrliches Gefühl war es für uns damals, wenn bei Sonnenschein die ersten Kirchgänger an unserem Haus vorbeizogen, während uns von der Mutter noch das Mascherl ins Haar gebunden wurde. Seltsamerweise sind von diesen wöchentlichen Kirchenbesuchen nur noch die sonnigen Tage im Gedächtnis geblieben und nicht die tristen, regengrauen.

Die Mädchen marschierten stolz auf ihren neuen weißen Sandalen und im türkisfarbenen Pünktchenrock auf die Straße hinaus. Die Buben trugen eine selbst genähte Wollstoffhose, die Haare klebten streng gescheitelt und mit Zuckerwasser fixiert an ihrem Kopf. Man zeigte sich von der besten Seite, grüßte artig die Nachbarn und ging mit der Gruppe in Richtung Kirche, von wo aus die Glocken schon einladend läuteten.

Fast jeder der Freunde besuchte den Gottesdienst – klassenweise saßen wir in den Bänken und wehe, wenn einer fehlte. Ob wir zur Kirche gehen würden oder lieber schwänzten, diese Frage stellten sich die meisten von uns nicht – noch nicht.

Wenn man sich heute, fünfzig Jahre später, noch einmal die Eindrücke vom wöchentlichen Kirchgang in Erinnerung ruft, dann wird daraus ein Mix aus gewaltigen Hochgefühlen einerseits und einer schier endlosen Monotonie andererseits. Die Hochämter mit einem Heer aus Geistlichen Herrn, Kaplänen, Ober- und Unterministranten und Lichtern, mit dem Weihrauchduft, der sich langsam im Kirchenraum ausbreitete, und mit der neidvollen Achtung demjenigen Ministranten gegenüber, der das Weihrauchfass schwenken durfte. Wie hat uns das Spiel der Orgel gefesselt, wenn sich die einzelnen Tonfetzen in einem einzigen, gewaltigen Klangmeer aufgelöst hatten. Und wie bedeutungsvoll schien uns der Moment, als den Pfarrer Sonntag für Sonntag vom Altar zur Kanzel schritt, die Treppen emporstieg, die Hände entschlossen auf die Brüstung stützte und schließlich mit seiner Predigt begann.

Es war exakt jener Punkt, an dem sich in uns Kindern schlagartig das Hochgefühl in Monotonie umwandelte. Man holte angespannt Luft und rief sich wieder und wieder den eigenen Vorsatz ins Gedächtnis: Dieses Mal wollte man aufmerksam zuhören. Nicht etwa, weil es einen interessierte, was der Pfarrer zu sagen hatte. Nein, man wollte einfach nur gewappnet sein. Schließlich war man niemals davor gefeit, montags in der Schule über den Inhalt der Predigt ausgefragt zu werden.

Die ersten sechs bis acht Sekunden klappte es auch meistens noch ganz gut. Man konzentrierte sich immer noch entschlossen auf die salbungsvollen Worte, als die Blicke ganz nebenbei begannen, den Kirchenraum zu durchstreifen. Man sah die erbarmungswürdigen Kreaturen auf den riesigen Altarbildern, die entweder gehäutet oder auch enthauptet, gekreuzigt und verstoßen wurden. Und in Anbetracht der eindrucksvollen Methoden menschlicher und göttlicher Gerichtsbarkeit verloren die Kanzel nebst Pfar-

Kinder um 1960.

rer an Bedeutung. Man sorgte sich mit einem Mal um die eigenen Vergehen: Man dachte an den Streit mit den Geschwistern, an die Hausaufgabe, die man vergangene Woche vergessen hatte, und man schämte sich rückwirkend dafür, dass man im Klassenzimmer Eckerl hatte stehen müssen, vor allen anderen.

Während die eindringlichen Worte des Pfarrers im Hintergrund unseres Bewusstseins die Geräuschkulisse bildeten, liefen im Vordergrund des Bewusstseins unsere Gedanken wie ein Film ab. Man dachte an die erste heilige Beichte, die bevorstand. Man grübelte darüber, was denn nun eigentlich eine beichtfähige oder besser gesagt, eine beichtpflichtige Sünde sei. Und man fasste den Entschluss, sich auf alle Fälle vorab schon einmal kleinere Sünden auszudenken, die ins Muster des Katechismus passen würden. Moderate Sünden mussten es sein, denn schließlich war man nicht bereit, sich im Beichtstuhl seinen guten Ruf zu ruinieren.

Man war noch intensiv mit derlei strategischen Überlegungen beschäftigt, als von weit her ein Gerumpel in unser Bewusstsein drang. Der Gedankenfilm war mit einem Mal abgerissen und man schaute irritiert um sich. Die gesamte Kirchengemeinde war mittlerweile einvernehmlich aufgestanden, während man selbst, welche Peinlichkeit, noch saß. Die Röte stieg einem ins Gesicht und man versuchte, sich möglichst unauffällig zu erheben, danach der Blick nach links und nach rechts: Habens die anderen bemerkt? Man hatte wieder einmal die Predigt verschlafen.

Nur eine Kugel Eis

IN UNSERER STADT gab es in unserer Kindheit elf Wirtschaften, eine Weinstube und ein Kaffeehaus. Es kamen also auf 3000 Einwohner ein Kaffeehaus und auf jeweils 272 Einwohner eine Wirtschaft. Nun könnte man zu Recht fragen, wie so viele Wirtschaften in einer Stadt existieren konnten. Die Frage ist aber eine ganz andere: Wie konnte das eine Kaffeehaus in einer Stadt wie der unseren existieren?

Die Wirtschaften jedenfalls, die waren immer voll. Das begann bereits am Vormittag. Die ersten Handwerker kamen, nachdem sie sich vergewissert hatten, dass auf der Baustelle alles ohne Probleme lief. Dann kamen die, die sich schnell eine Brotzeit holen wollten. Schließlich kamen noch die Bauern aus den umliegenden Dörfern, die entweder beim Metzger das Schwein vorbeigebracht hatten oder dringend aufs Amt mussten. Weil es natürlich praktisch ist, die Bauern allesamt an einem Ort anzutreffen, kamen auch noch die Viehhändler vorbei und alle anderen, die etwas zu schachern hatten. Es kam der, der ein Haus bauen lassen wollte und es kam der, der ein Haus bauen konnte.

Die Wirtschaft war untertags der allgemeine Umschlagsplatz für Arbeit, Handel und Neuigkeiten und am Abend ein Ort der Geselligkeit. Dann wurde Schafkopf und Tarock gespielt, gefachsimpelt, über die Russen philosophiert, die, wie man befürchtete, bald kommen würden, und es wurde nach ein paar Maß Bier der Kellnerin lüstern hinterhergeschaut.

Anders im Kaffeehaus: Dort saßen fast immer nur zwei Leute, tagein, tagaus. Genau genommen waren es zwei Frauen, Mutter und Tochter. Sie saßen immer am selben Platz am Fenster. Wir sahen sie von der Straße aus, und es war wie in einem Kuriositätenkabinett. Die beiden, geschminkt und wie aus dem Ei gepellt, saßen sich gegenüber. Mal redete die eine zwei oder drei Worte, mal die andere, dann blickten beide wieder stumm zum Fenster hinaus.

Es war für uns Kinder eines der größten Rätsel: Woher nahmen diese beiden Frauen nur den Mut, jeden Tag ins Kaffeehaus zu gehen? Und was in aller Welt hatte sie dazu bewogen, ausgerechnet am Fenster zu sitzen, wo sie jeder sehen konnte? Kurz und gut, die ganze Stadt zerriss sich über die beiden das Maul. Als wir im Religionsunterricht unsere Einführung zum Sakrament der Heiligen Beichte erhielten, hätte sich darum auch keiner von uns gewundert, wenn eines der Zehn Gebote gelautet hätte: „Du darfst am Wochentag kein Kaffeehaus betreten!" Und wir hätten uns auch nicht gewundert, wenn sich plötzlich der Boden unter den beiden aufgetan hätte und sie verschlungen hätte. Wir wären Zeugen geworden, wie Mutter und Tochter entsetzt die Arme in die Höhe gerissen hätten und dann vor unseren Augen vom Fenster verschwunden wären, verschlungen von den glühenden Flammen des Fegefeuers.

Eis vom Italiener und Gottes Auge

Eines Tages, wir hatten unsere erste Beichte und auch die erste heilige Kommunion bereits hinter uns, die Firmung stand noch bevor, da fuhr ein kleines Fahrzeug durch unsere Stadt. Es hatte vorne nur ein Rad, einen klitzekleinen Raum für den Fahrer und eine ebenso kleine Ladefläche. Auf der Ladefläche stand ein Behälter. Noch bevor das seltsame Gefährt um die Ecke gebraust kam, hörte man schon eine Glocke. Das Fahrzeug hielt an, der Fahrer, ein freundlicher Mann mit dunklen Haaren und leicht angegrauten Schläfen, stieg aus, öffnete den Behälter auf der Ladefläche, plapperte in einem unverständlichen italienisch-deutschen Kauderwelsch und begann, aus dem Behälter Eis herauszulöffeln und in Waffeln einzufüllen. Wir staunten Baustöckerl.

Dem freundlichen Italiener gehörte auch noch eine kleine Eisdiele direkt an der Straße unterhalb der Mädchen-

Die legendäre Isetta, im Volksmund auch liebevoll „Schlag-lochsuchgerät" genannt, Grafing bei München 1961.

schule. Über der Türe der Eisdiele hing ein Schild, darauf stand „Dolomiti". Wir wussten dieses Dolomiti nicht einzuordnen. Es erinnerte uns ein wenig an das verbotene Kaffeehaus, in dem die beiden Frauen immer noch täglich saßen, vielleicht erschien es uns sogar noch ein wenig gefährlicher.

In der Schule, die auf einem Hügel dieser kleinen Eisdiele gegenüberstand, wurden die Mädchen der Stadt von Klosterschwestern unterrichtet. Diese Schwestern waren nicht nur für den Unterricht zuständig, sie waren zudem auch strenge Wächterinnen über Moral und gute Sitten. Es gab verschiedene ungeschriebene Gesetze, die wie das Amen in der Kirche galten. Dazu gehörte, dass man keine Schuhe mit Absätzen tragen durfte und um Himmels willen als Mädchen keine Hosen. Besonders willensstarke pubertierende Mädchen, die sich probeweise über diese Gesetze hinwegsetzten und mit Hackenschuhen in die Schule kamen, wurden ebenso postwendend wieder nach Hause geschickt, wie das Mädchen, das angesichts des kalten Winterwetters und des langen Schulwegs nicht den Rock, sondern die sehr viel wärmere Hose gewählt hatte.

Die Schwestern wachten aber nicht nur über unsere moralische Grundstruktur und die Kleiderordnung, sondern auch darüber, welches Mädchen sich der Eisdiele näherte, wer hineinging und vor allem, wer wann wieder herauskam. Während die Buben die Eisdiele innerhalb kurzer Zeit ungestraft zu ihrem Treffpunkt machen konnten, die Knabenschule und das Lehrerhaus war zu ihrem großen Glück außerhalb der Sichtweite, schwebte über den Mädchen das Auge Gottes in Gestalt der schwarz gekleideten Schwester Oberin.

Unser Respekt vor der göttlichen Macht auf Erden war so groß und unsere Fantasie so lebhaft, dass man sich den Überwachungsapparat in den Klosterräumen mehr als perfekt organisiert vorstellte. Sicherlich saßen die Schwestern dort oben am Guckloch, wechselten sich stündlich ab, ließen dafür sogar das tägliche Gebet sausen, hakten auf einer Liste die Namen ab und die Zeit, die man brauchte, um eine Kugel Eis zu kaufen.

In der Eisdiele zu sitzen, war undenkbar und hätte unweigerlich am nächsten Schultag ein öffentliches Verhör zur Folge gehabt: Was man dort gemacht habe, ob man nicht wisse … und so fort. Eine Kugel Eis zu kaufen, das war noch erlaubt. Aber man schwitzte schon Blut und Wasser, wenn die Schlange vor einem lang war und man warten musste. Wenn man dann den Blick im Gastraum der Eisdiele herumschweifen ließ, hatte man die wildesten Befürchtungen: dort die Musikbox, da hinten die vier dubiosen Männer und der penetrante Geruch von Zigarettenrauch. Und irgendwie war man froh, wenn man den unheilvollen Ort wieder unbeschadet mit einer Waffel Eis in der Hand verlassen konnte.

Erst Jahre später stellten wir fest, wie freundlich diese italienische Eisdielen-Familie war und wie gemütlich es war, sich im Dolomiti mit Freuden zu treffen. Die Eisdiele blieb unserer Stadt fast vier Jahrzehnte erhalten. Wie konnte diese italienische Familie aber nur diese ersten Jahre in unserer Stadt überleben? Das Geschäft mit den Mädchen hätte wohl niemals gereicht, na ja, zum Glück gab es ja noch die Buben.

Die Welt in Schwarz und Weiß

AM 25. AUGUST 1967 machte Bundeskanzler Willy Brandt das Schwarz-Weiß-Fernsehen farbig. Er drückte dazu während der Funkausstellung vor laufender Kamera auf einen roten Knopf. Peinlich war nur, dass einer der Techniker zu schnell war und die Farbe zu früh einschaltete. Der Knopf des Bundeskanzlers war als billige Attrappe entlarvt. Das war aber weiter nicht schlimm, denn bundesweit wurden nur 6000 Zuschauer Zeugen dieses Missgeschicks, alle anderen hatten gar keinen Farbfernseher.

Der Fortschritt eilte indes weiter. Schon vier Tage später konnte man mit dem entsprechenden Fernsehgerät in Robert Lembkes Ratesendung „Was bin ich?" erstmals sehen, welche Farben die „Schweinderln" auf seinem Tisch tatsächlich hatten. Wer die 2000 Mark für den Farbfernseher nicht flüssig hatte, konnte sich eine farbige Folie vor den Bildschirm spannen. Das obere Drittel war blau, die Mitte hautfarben und das untere Drittel grün – immerhin, für Naturfilme war das schon eine echte Bereicherung.

Fernsehen in den 60er-Jahren war noch eine echte Attraktion und ein richtiges Gemeinschaftsereignis. Als der Durbridge-Krimi „Das Halstuch" ausgestrahlt wurde, waren die Straßen wie leer gefegt. Wir saßen gemeinsam vor der Flimmerkiste, entweder zu Hause oder bei Freunden. „Flimmerkiste" übrigens war eine treffende Bezeichnung, denn bis zum Spätnachmittag gab es nicht mehr als ein schwarz-weißes Bildrauschen, bis endlich das heiß ersehnte Testbild erschien. Mit diesem Testbild hatte man eine halbe Stunde Zeit, um die Antenne optimal auszurichten, dann endlich begann das Programm. Nicht selten saßen wir Kinder lauernd vor dem Fernseher und starrten auf das Testbild, so, als sähen wir bereits unsere Fernsehhelden.

Bis 1962 war die Auswahl des deutschen Fernsehprogramms begrenzt, es gab nur die ARD. Dann erst folgte das Zweite Deutsche Fernsehen. Wie es in Bayern üblich war, wurde alles Neue erst einmal kritisch beäugt, so auch das ZDF. Man blieb eine Weile hartnäckig dem Ersten Programm treu. Die kleinen, blauen und unerschrockenen Mainzelmännchen motivierten aber schließlich uns Kinder zum Umschalten und das aktuelle Sportstudio die Väter.

Harry Valérien, der Sportreporter, dessen bayerischen Akzent man hierzulande wohlwollend registrierte, nahm dem Fernsehen erstmals die Steifheit. „Lieber eine spannende Panne als Langeweile", war seine Devise. Und Valérien wagte etwas Unvorstellbares, man hörte ihn tatsächlich während der Sendung sagen: „Wo samma?" und gleichzeitig suchte er mit seinen Augen diejenige Kamera, über die er gerade ausgestrahlt wurde.

Flipper, Fury und Co.

Bereits Anfang der 60er-Jahre wurde es im Deutschen Fernsehen international. Das Lieblingstier der Kinder, der Delfin Flipper, kam aus Florida, der schwarze Hengst Fury aus dem Westen der USA und der wohl berühmteste Hund der Welt, Lassie, aus dem britischen Yorkshire. „Bonanza", die Geschichte der Familie Cartwright, war auf deutschen Bildschirmen 1962 noch nicht erwünscht. „Zu brutal", war die Beurteilung nach dreizehn Folgen. Ab 1967 war aber dann auch das deutsche Fernsehpublikum so weit, dass man ihm Brutalität zumuten konnte. Die Sendung lief über vierzehn Jahre mit nicht weniger als 430 Episoden.

Der Bayerische Rundfunk war bis 1964 nur wenige Stunden in der Woche über die ARD zu empfangen, dann erschien auf dem Bildschirm eine Schrift „Wir schalten um". Heute schalten Fernsehzuschauer während eines Abends mithilfe der Fernbedienung Dutzende Male zwischen den Programmen hin und her, 1960 war „umschalten" noch alleine der Regie vorbehalten. Überhaupt war es damals üblich, dass man stets darüber informiert wurde, was sich gerade in der Fernsehtechnik abspielte. Tröstlich war es aber dennoch nicht, wenn man ausgerechnet an der spannendsten Stelle im Durbridge-Krimi erfuhr, dass es nun eine „Bildstörung" gäbe.

1964 startete das Bayerische Fernsehen als erster bundesdeutscher Regionalsender mit einem eigenen Programm, dem Studienprogramm Telekolleg. Auch im Hörfunk gab es nun die ersten Regionalprogramme und auf dem Frequenzbereich von Bayern 3 gab es bis 1971 sogar ein Gastarbeiterprogramm in italienischer Sprache. Zu unseren unauslöschlichen Kindheitserinnerungen gehören die ersten Takte der Melodie „Solang der Alte Peter". Sie hörten wir im Radio oft minutenlang, und zwar dann, wenn es Schaltpausen zwischen zwei Sendungen gab.

Ab 13.00 Uhr das Testbild

Die öffentlichen Medien waren damals noch zielgruppenorientiert: Gastarbeiter, Frauen, Kinder. Zwei- bis dreimal pro Woche waren die Kinder an der Reihe. Für zwanzig Minuten gab es dann „Sport-Spiel-Spannung" mit Klaus Havenstein und Sammy Drechsel, die unvergessenen Kinder aus Bullerbü und als besondere Feiertagsattraktion die Augsburger Puppenkiste mit Kater Mikesch und Jim Knopf. Wie exotisch machte sich da für uns das österreichische Fernsehprogramm aus, das man im Alpenvorland in günstigen Lagen via Antenne empfangen konnte. Vierzehntägig mittwochs um 15.00 Uhr gab es die Abenteuer mit dem Kasperl und seinem Freund Pezi. Und wer es schaffte, donnerstags wegen Krankheit der Schule fernzubleiben und zudem noch die Eltern überlisten konnte, hatte die Chance, im Schichtarbeiterprogramm die Liebesgeschichten von Gary Grant, Clark Gable und Elizabeth Taylor zu verfolgen. Doch auch im österreichischen Fernsehen währte die Freude tagsüber nicht lange. Um 13.00 Uhr holte uns das Testbild wieder in die reale Welt zurück.

Das Fernsehgerät um 1960.

Luis Trenker erzählt

Wie wenig war damals doch notwendig, um die Leute zu unterhalten. Nehmen wir zum Beispiel Luis Trenker: Er saß in seiner Sendung des bayerischen Fernsehens an einem Schreibtisch vor einem Bücherregal und rieb sich in den ersten Sendeminuten noch zurückhaltend die Hände. „Hoffentlich hob i heit wos zum verzählen", so begann er einmal seine Sendung.

Man musste als Fernsehzuschauer diesbezüglich aber keine Befürchtung haben. Luis Trenker hatte immer etwas zu erzählen, wenn es ihm manchmal auch schwerfiel, dem roten Faden zu folgen. Dem Unterhaltungswert der Sendung tat dies keinen Abbruch, wir waren gefangen in die Dramaturgie seiner Erzählungen.

„Dolomiten", so lautete das bevorzugte Thema. Trenker redete in seiner Südtiroler Mundart, mit einem unverwechselbaren, gurgelnden „R"; redete sich in Rage und wehe, wenn er vom Stuhl aufstand und sich den Raum eroberte. Leidenschaftlich schilderte er den Langkofel, während er dramatisch die Arme nach oben riss; begeistert erzählte er von seiner Mutter, die ihm das „Mascherl" um den Hals gebunden hatte, und mit einem eleganten Handkreisen kam die Sprache auf die Kaiserin Maria Theresia. Doch, … „Halt, zuerst muss ich eich noch verzählen …", schon kam Trenker auf den Großvater zu sprechen und … „des nur nebenbei" … auf die badende Venus, den kleinen Bergbauernbub und den „preißischen" Bergsteiger, der von ihm auf den Gipfel geführt wurde.

Kurz wurde das eigentliche Thema gestreift – die Dolomiten – bevor Luis Trenker, mittlerweile ausladend und ausdrucksstark mit den Armen gestikulierend, zu seinen Heldentaten überführte: „Wart, Bürscherl, hob ich gsogt … und dann hob i'n hergrissen, am Banderl, und hob eahm, der Herrgott mög mas verzeihen, zwoa soichane Ohrfeigen gebn!"

Wie genau Trenker die Ohrfeigen dem „preißischen" Bergsteiger gegeben hat, ließen seine weiten Armbewegungen vermuten. Und dann, mitten in der Erzählung, fiel Luis Trenkers Blick auf die Armbanduhr. „Ja wos, is scho wieder vorbei?", stellte er aufgeschreckt fest. Aber er hatte sich gleich wieder in der Gewalt. „Guat, des nächste Mal verzähl i dann die Geschichte von de Dolomiten." Und das nächste Mal waren wir wieder mit dabei und saßen vor der Flimmerkiste, wenn es wieder hieß: „Luis Trenker erzählt".

Luis Trenker, ein begnadeter Geschichtenerzähler.

Asparagus und Nelken

WAS DER NEUEN ZEIT und vor allem dem Auto im Weg stand, wurde entfernt, abgetragen, begradigt und durch sterile Stützmauern ersetzt. Ende der 1960er-Jahre war die Zeit des schonungslosen Kahlschlags. Der sich durch das Land schlängelnde Kiesweg musste der schnurgeraden und geteerten Straße weichen und die schöne Uferböschung des Sees mit den alten Weiden einer neuen eintönigen Ufermauer.

Man begann nach und nach, auch die Häuser zu modernisieren. Der Holzschuppen und der alte Schweinestall im Garten wurden abgerissen und erstmals gab es im Haus ein eigenes Badezimmer. Bis dahin war wöchentlich einmal in der Küche oder in der Waschküche eine Zinkwanne aufgestellt worden, die dann mit heißem Wasser aus dem Ofengrand gefüllt worden war. Dorthinein hatte man uns Kinder gesetzt und mit Eifer unsere Hälse abgeschrubbt, bis sie knallrot waren. Warum ausgerechnet der Hals diese erbarmungslose Prozedur über sich ergehen lassen musste, bleibt ein Rätsel. Vielleicht war es so, weil man an ihm stellvertretend alle Körperteile reinigen wollte, die man in der Schamhaftigkeit dieser Zeit niemals gewagt hätte, zu berühren.

Ein Rätsel blieb auch, wo sich denn eigentlich unsere Eltern badeten. Wir jedenfalls hatten sie niemals dabei beobachtet. Das Einzige, was wir sahen, war, dass sich der Vater täglich am Wassergrand in der Küche vor einem kleinen trüben Spiegel rasierte und sich dann mit einem Hornkamm durch den spärlichen Rest seiner Haare fuhr. Der Hornkamm war nebst Kernseife und Rasiermesser das einzige Utensil zur Körperpflege, das wir zu jener Zeit im Haus hatten. Mit dem neuen Badezimmer gab es dann erstmals ein dottergelbes Haarwaschmittel und für uns Kinder eine neue Zahnbürste. Letztere kam leider einige Jahre zu spät, denn der neue Wohlstand hatte sich bereits in Form von schmerzhaften schwarzen Löchern in unseren Zähnen verewigt. Im neuen Badezimmer stand nun ein Warmwasserboiler. Zum wöchentlichen Badetermin wurde in der Schüre unter dem Boiler ein Feuer gemacht und dann war es nur noch eine Frage der Zeit, bis man fließend warmes Wasser hatte. Natürlich reichte das so erhitzte Wasser nur für ein bis zwei Bäder, dann hieß es wieder einheizen.

Später bekamen wir auch eine Zentralheizung, dann fiel sogar das lästige Einheizen im Badezimmer weg.

Die Zeiten waren nun auch vorbei, in denen wir im eiskalten Schlafzimmer liegen mussten – jenes Schlafzimmer,

Das typische Wohnzimmer um 1960.

das die ersten Eindrücke in unser Leben hinterlassen hatte: das unendlich schwere Federbett mit dem Blümchenmuster und die Wand mit dem Groam, das heißt, mit den Salpeterausblühungen, die durch die anhaltende Feuchtigkeit entstanden waren. Bis dahin waren nur das Wohnzimmer und die Küche zu beheizen, das Wohnzimmer mit einem gekachelten Kohlenofen, die Küche mit einem Holzofen, auf dem gekocht wurde und auf dem die Mutter auch die Wäsche trocknete.

Neue Küche und Partykeller

Unsere Küche war ohne Zweifel der gemütlichste Ort auf der ganzen Welt: Das Zischen der Wassertropfen, die von der nassen Kleidung auf die gusseiserne Ofenplatte platschten, das diffuse Licht der einzigen Glühbirne, das Kanapee hinter dem Tisch, und der Stuhl in der kleinen Nische zwischen Ofen und Küchenbuffet.

Eines Tages war das Ende des Küchenbuffets gekommen. Das wuchtige Möbelstück wurde kurzerhand zu Brennholz verarbeitet und durch eine beigefarben lackierte maßgefertigte Küchenzeile ersetzt. Wie konnten die Eltern nur, wir Kinder waren entsetzt. Ganz nebenbei verschwand natürlich auch die kleine Nische neben dem Ofen. Die Welt, nun pflegeleicht und farbig, verlor etwas Kostbares: die Nischen und Kanten.

Die dritte Modernisierungswelle in unserem Haus bescherte uns den Partykeller. Ganz abgesehen davon, dass mit diesem „Partykeller" das erste englische Wort in unseren Haushalt einzog, war dieser Raum auch der Inbegriff der Nutzlosigkeit. Freilich, er wurde schon genutzt. Wir Kinder luden uns zum Beispiel ganze Horden von Gleichaltrigen ein, mit denen wir in diesem Raum übernachteten. Dazu hätten wir ihn aber nicht zwangsläufig gebraucht, denn vorher hatten wir auf dem Heuboden oder im Holzschuppen übernachtet.

Auch die Eltern nutzten den Partykeller für ihre Einladungen. Wer früher nach dem Kirchgang anderen einen spontanen Besuch abstattete, wurde in der Küche bewirtet, wer zum Namenstag gratulierte oder an Weihnachten eingeladen war, wurde ins Wohnzimmer gebeten. Dort war für die Gäste aber nun kein Platz mehr, der neue Nierentisch war zu klein und, um ehrlich zu sein, auch wenig einladend. Der Reiz des Partykellers hielt sich allerdings auch in Grenzen. Nach dem Abriss des Schuppens im Garten wussten wir nicht mehr, wohin mit all den Sachen. Irgendwann machten schließlich das zahlreiche Gerümpel, das sich nun ersatzweise im Partykeller türmte, und der modrige Begleitgeruch des Kellers jede Festivität unmöglich. Und man traf sich wieder im Wohnzimmer. Der Nierentisch dort war fast unbemerkt wieder verschwunden.

Das typische Wohnzimmer um 1970.

Die Ufervegetation des Sees musste der Modernisierung weichen, der Uferbereich wurde begradigt, Ebersberg 1969.

Käseigel und Toast Hawaii

Zeitgleich mit dem Partykeller machten sich noch andere Neuerungen in unserem Haushalt breit. Bekam man Gäste, kochte man nun nicht mehr den traditionellen Schweinsbraten mit Semmelknödeln, nein, es gab nun Russische Eier, die ganz selbstverständlich zu jeder Party gehörten. Dazu wurden hart gekochte Eier halbiert, ausgehöhlt und mit Mayonnaise gefüllt. Einzig das Russische daran fehlte, der Kaviar nämlich. Zwischen Käseigeln und Erdbeerbowlen zierten noch Fliegenpilze das Buffet: Dabei handelte es sich um halbierte Tomaten, die wie Hüte auf hart gekochte Eier gesetzt wurden und weiße Tüpfer aus Mayonnaise bekamen. Und nicht zuletzt gab es den Toast Hawaii, eine der großen kulinarischen Erfindungen der 1960er-Jahre: unten eine Scheibe Toast, ein Erbe unserer amerikanischen Freunde und Besatzer, darauf kam der Schinken, darauf die Ananas und darüber schließlich der labbrige Scheiblettenkäse, natürlich der aus der Packung und nicht etwa der Emmentaler, den es im Käsladen frisch zu kaufen gab. Zum Nachtisch wurde ein Kalter Hund serviert: die üppige und relativ geschmacksneutrale Mischung aus Keks, geschmolzener Kuvertüre und Kokosfett.

Unserer Mutter drückte man aus Dankbarkeit für die Einladung einen Strauß aus Nelken und Asparagus, ein Flasche Kroatzbeere oder einen neuen Gummibaum in die Hand.

Die süßesten Früchte

BIS MITTE DER 60ER-JAHRE reichte das „Kreizkruze-türkn" des Vaters durchaus für uns Kinder als Argument aus, um sich Gehör zu verschaffen. Allmählich aber änderten sich die Zeiten, auch in Bayern. Die Berichte über die Kubakrise und den Vietnamkrieg konnten wir noch ignorieren, ebenso Martin Luther Kings Kampf gegen den Rassismus. Diese Ereignisse waren noch zu weit weg, um eine Auswirkung auf das Leben in unserer kleinen Stadt zu haben. Aber die neue Zeit kam näher und näher.

Es waren zuerst die Halbstarken, die um jeden Preis auffallen wollten. Sie zogen in Horden umher, kleideten sich wie James Dean, trugen Nietenhosen, Lederjacken und eine Haartolle. Sie hörten Rock'n'Roll und machten, so erzählte man sich, bei Konzerten aus dem Inventar Kleinholz. Auch im Tanzlokal in unserer Stadt soll es Halbstarke gegeben haben, und die Erwachsenen gingen dorthin, um ein mögliches Spektakel nicht zu verpassen. Doch es blieb ruhig.

Der Herrenfriseur im kleinen Laden neben der Kirche, der ganzen Generationen von Buben denselben Topfschnitt verpasst hatte, wurde allmählich boykottiert. Junge Männer begannen, sich für ihre Haare zu interessieren. An allen Ecken blieben sie stehen, blickten in Schaufenster und in die Rückspiegel der Autos und zwangen mit beiden Händen die Stirnlocke wieder in die richtige Form.

Die Mädchen verabschiedeten sich von den Zöpfen und banden sich die Haare zum Pferdeschwanz zusammen, wechselten vom Topfschnitt zur auftoupierten Mähne oder ließen die Haare einfach offen über die Schultern fallen. Zum Markenzeichen des modernen Mädchens gehörte auch der Petticoat, der weit ausfallende Unterrock mit mehreren Lagen Tüll.

Einer besonders schmerzhaften Prozedur musst man sich unterziehen, wenn man einen Haardutt auf dem Hinterkopf bekam. Die langen Haare wurden über eine borstige

Brautmode um 1960.

Rolle von der Haarspitze bis zum Kopf aufgerollt und dann begann die Tortur: der Dutt wurde mit zahllosen Haarnadeln festgesteckt. Dieses Ziepen der Rolle und Stechen der Nadeln hat sich unauslöschlich als Schmerzmuster in die Erinnerung einer ganzen Generation damals junger Frauen eingegraben.

Music in the Air

Die musikalische Botschaft war zu Beginn der 1960er-Jahre beschaulich, friedlich und ein klein wenig naiv. Vico Torriani klärte uns darüber auf, dass Kalkutta am Ganges läge, Peter Alexander sang davon, dass die süßesten Früchte nur den Großen vorenthalten blieben, und Heidi Brühl wollte mit ihrem Liebsten „niemals auseinandergehen". Daneben nahmen sich Connie Francis, Trude Herr und nicht zuletzt Bill Ramsey mit seiner „Zuckerpuppe aus der Bauchtanztruppe" schon außerordentlich frech aus.

Musik hören war nicht die breiartige Berieselung, wie wir sie heute kennen, sondern eine echte Spitze im ansonsten eher gediegenen Tagesablauf. Das Radio wurde um sieben Uhr morgens kurz eingeschaltet, wegen der Nachrichten, zu Mittag mit dem Glockenläuten und abends zum Betthupferl. Irgendwann aber entdeckten wir Kinder auf Mittelwelle akustische Fetzen von Fats Domino und Elvis Presley – wir hatten Radio Luxemburg ausfindig gemacht. Nun saßen wir da, das Ohr an der braunen Stoffbespannung des Radios, unentwegt die Hand am Frequenzregler, denn laufend störten Sender aus Osteuropa und daneben auch lautes Rauschen und penetrantes Knacksen die Musik. Es waren immer nur Sekunden, die wir erhaschen konnten und das auch nur dann, wenn wir geschickt genug und behutsam den Frequenzregler Millimeter für Millimeter hin- und herdrehten.

Ein absoluter Tipp unter Jugendlichen war die Mittelwellenfrequenz 1107 kHz mit AFN, dem Sender für die amerikanischen Besatzer. Man hörte „Music in the Air", lauschte dem Blues, dem Jazz und der ungewohnt legeren Moderation, von der wir kein Wort verstanden.

Kaum einer unserer Freunde hatte einen Plattenspieler zu Hause. Und wenn doch, dann gab es dazu höchstens zwei oder drei Platten, eine mit Rudolf Pracks Scharzwaldmädel, eine mit Ernst Mosch und den Original Egerländer Musikanten und vielleicht noch eine mit Ralf Bendix und dem Babysitter-Boogie. Letztere hörten wir dann mangels Auswahl einen ganzen Nachmittag lang, immer und immer wieder.

Die Beatles und noch Schlimmeres

Sonntags, wenn wir von unserem Vater zum Grillhendl in die Wirtschaft eingeladen wurden, gab's noch die Musikbox in der Ecke der Gaststube. Mit einem Fuchzgerl konnte man den mechanischen Arm in Bewegung setzen. Der ergriff dann eine der Platten, die senkrecht in Reih und Glied standen. Der mechanische Arm legte die Platte auf den Plattenteller und los ging's mit der Musik. Gelegentlich passierte es, dass der Wirt die Platten falsch einsor-

Kinder beim Radiohören, um 1955.

tiert hatte und es kam nie das Lied, das man auf Tasten-druck gewählt hatte. Eigentlich war das aber auch egal, denn alleine schon die schwebende Platte in dem bunt be-leuchteten Chromkasten war uns Kindern das Fuchzgerl wert.

In diese Zeit hinein passierte etwas Unerhörtes. Im Ra-dio vernahm man zwischen dem Wunschkonzert von Fred Rauch und der Volksmusiksendung von Paul Ernst Rat-telmüller einen ganz neuen Sound – den Beat. Von einem Tag auf den anderen machten unsere älteren Geschwister eine seltsame Wandlung durch: Sie umgaben sich Tag für Tag mit einem unerträglichen Gekreische. Wir Kleineren waren aufgeschreckt und die Eltern aufgebracht. Dem eher allgemein gehaltenen „Kreizkruzetürkn" des Vaters folgte die konkrete Aufforderung der Mutter: „Schiots de Mettn aus, aber sofort!" Mit „Mettn" war „A Hard Days Night" von einer Gruppe namens Beatles gemeint, das üb-rigens im Volksmund gelegentlich auch recht unsensibel als „Negermusik" beschimpft wurde. Man dachte noch, es könne überhaupt nicht mehr schlimmer kommen, da dröhnte schon „My Generation" der Gruppe The Who über den Äther.

1967 bekam das hiesige Hörfunkprogramm Konkurrenz vom österreichischen Nachbarn. „Vokal Instrumental In-ternational" hieß das neue Programm von Ö3, das uns nun die neueste Popmusik ins Wohnzimmer schwemmte, gut hörbar auf UKW, und, was das Beste war: ohne das lästige Drehen des Frequenzreglers. Es gab für uns kein Halten mehr und nun überwanden auch wir kleineren Geschwis-ter die erste Schockstarre. Uns entging nichts mehr in der Musikbranche und die „Negermusik" wurde zum Merk-mal unserer Jugend.

Nicht zu früh, doch früh genug

ES FOLGTE NUN EINE ZEIT, in der uns über das Fernsehen Berichte über Unruhen in Berlin, Hamburg und Frankfurt erreichten. Man fühlte sich von der revoltierenden Studentenbewegung nördlich des Weißwurstäquators abgestoßen. Hier in Bayern auch so etwas? Gott sei Dank. Niemals! Und doch setzte sich auch in unserem Inneren etwas in Bewegung. Das Leben bekam neue Facetten, neue Inhalte. Wir begannen zu diskutieren, zu denken, abzuwägen, ergriffen für oder gegen etwas Partei: Was nun genau, war zweitrangig, Hauptsache diskutieren. Bei den Mädchen rutschten der Saum des Rockes hinauf und der Ausschnitt der Bluse hinunter, bei den Buben wurden die Haare länger und der Schlag der Hose weiter. Wir fanden einen Laden, in dem es eine Blue Jeans gab, eine echte, und nicht mehr das Jeans-Imitat aus dem labbrigen und plump gefärbten blauen Stoff. Unsere Eltern schüttelten den Kopf und erfüllten uns dennoch unsere Wünsche.

Die Landeshauptstadt München begann, sich für die Olympiade herauszuputzen. Man erwartete die Welt zu Besuch und man besuchte die Welt: Urlaub in Italien und Griechenland, Sprachferien in England, Studienfahrten in den Ostblock.

Aus uns Kindern der 50er-Jahre waren groß gewachsene Jugendliche geworden. Wir hatten das Gefühl, die ganze Welt läge uns zu Füßen. Es schien nichts zu geben, was unseren Tatendrang hätte aufhalten können. Die süßesten Früchte waren nicht nur den Großen vorbehalten, davon waren wir überzeugt. Jeder der wollte, konnte sie sich holen.

Wer Mitte der 1950er-Jahre in Bayern geboren worden war, hatte eine unbeschwerte Zeit erlebt, war zwischen wohliger Natürlichkeit und in sorgloser Freiheit aufgewachsen. Man war nicht reich und man war auch nicht arm. Man hatte Spielraum und Visionen.

Die Kinder der 50er-Jahre gehörten zur Babyboom-Generation. Innerhalb weniger Jahre waren so viele Kinder zur Welt gekommen, dass sie von den Lehrern in zwei Schichten unterrichtet werden mussten, eine Klasse am Vormittag, eine am Nachmittag. Es gab uns, weil die Zeiten besser wurden. Das hat uns geprägt.

Die Alten waren manchmal raubeinig, duldeten keinen Widerspruch, machten Fehler. Aber sie taten zumindest nicht so, als würden sie alles richtig machen. Das machte sie sympathisch. Und wir Kinder? Wir waren nicht braver als die Generation nach uns, man hatte an uns nur einen anderen Maßstab angelegt. Man ließ uns gewähren, gestattete uns unsere Abenteuer und ließ unserer Entwicklung seinen freien Lauf.

Wir Kinder von damals hatten das große Glück, nicht früher geboren worden zu sein, mussten nicht den Krieg erleben und nicht die Not danach. Aber wir hatten auch das Glück, doch immer noch früh genug das Licht der Welt erblickt zu haben. Denn wir durften die alte Zeit erleben und konnten gleichzeitig die neue Zeit genießen.

In einem Volksentscheid stimmten die Bürger im Freistaat für die Herabsetzung des Wahlrechts auf 18 Jahre, Ebersberg, 1970.

Von bayerischen Madln und Buam
von Heidi Fruhstorfer
Großformat, 64 S., geb.,
zahlr. S/w-Fotos
ISBN 978-3-8313-2076-9

Ein Buch voller Erinnerungen

Als die erste Generation nach dem Zweiten Weltkrieg aufwuchs, hatte das Jahrhundert die schlimmsten Ereignisse bereits hinter sich. Die Menschen machten sich an den Wiederaufbau und blickten hoffnungsfroh in die Zukunft.

Dieser Bildband gibt ihnen einen Einblick in das Alltagsleben der Kinder der 50er-Jahre. Trotz des allmählichen wirtschaftlichen Aufschwungs wuchsen die meisten in bescheidenen Verhältnissen auf. Sie spielten auf der Straße, gingen im Sommer ins Freibad, im Winter zum Rodeln und Skilaufen. Stolz genossen sie es, bei der Kommunion oder Konfirmation im Mittelpunkt zu stehen. In den Ferien kraxelten sie auf die Berge oder fuhren mit den Eltern ins Sehnsuchtsland Italien.

Kommen Sie mit auf eine Reise in die 50er-Jahre.

WARTBERG VERLAG